Sticker deine Welt
Fahrzeuge

TESSLOFF

Auf dem Bauernhof

Es ist Erntezeit! Überall auf den Wiesen und Feldern brummen schwere Maschinen: Maishäcksler ernten den Mais und Mähdrescher das Getreide. Da hinten tuckert Bauer Gustav mit seinem Traktor über die Wiese, um frisches Gras für seine Kühe zu holen.

Auf der Baustelle

Der Hausbau geht voran! Fast lautlos schwenkt der Kran die schweren Balken zum Dachstuhl des Neubaus. Nebenan hebt ein Bagger schon eine neue Baugrube aus. Große Kipplaster fahren tonnenweise Erde weg und bringen Sand. Da ist auch schon das Betonfahrzeug!

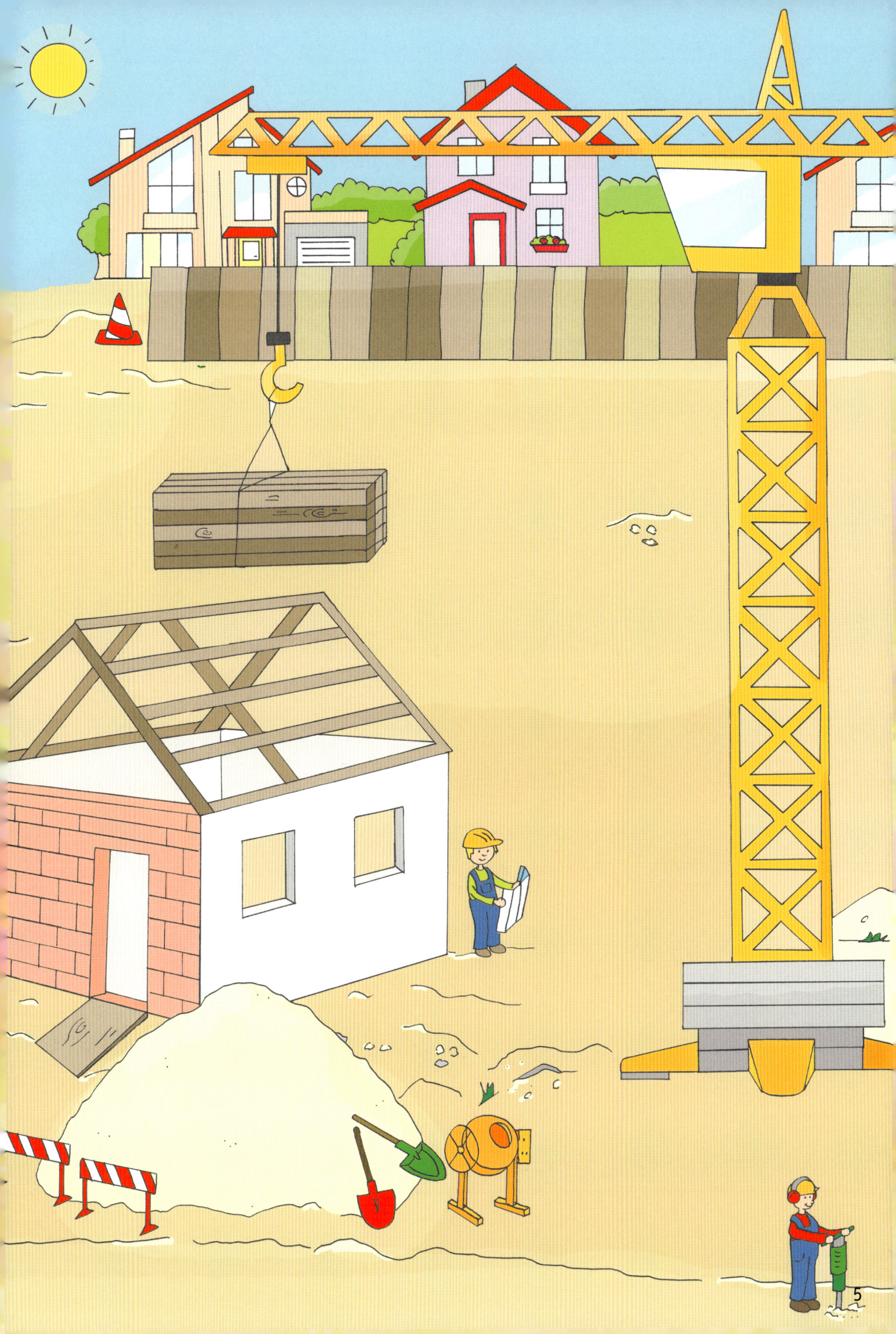

In der Stadt

Schnell füllen sich am Morgen die Straßen in der Stadt mit Bussen, Autos und Fahrrädern. Das Müllauto ist auch schon unterwegs. Tatütata! Schon biegt die Polizei um die Ecke. Was ist passiert? Oh, da hinten brennt's! Aber Feuerwehr und Krankenwagen sind bereits da!

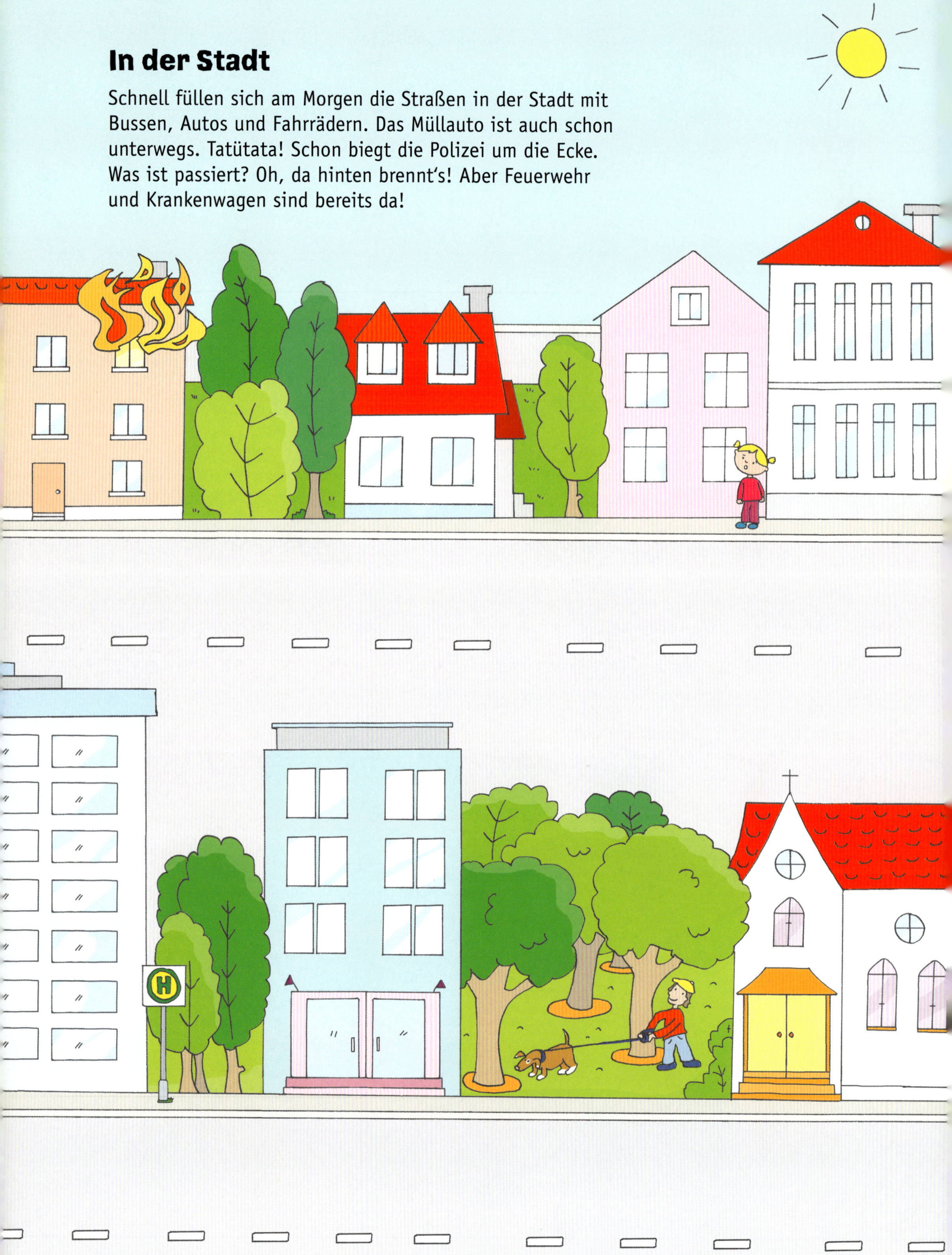

Am Bahnhof

Rund um den Bahnhof ist immer viel los: Eine Straßenbahn, Linienbusse und Taxen lassen Fahrgäste ein- und aussteigen. Jetzt aber schnell, gleich fährt der ICE ab! „Vorsicht bei der Einfahrt des Zuges!", tönt es schon aus dem Lautsprecher. Auf dem Gleis nebenan rollt ein roter Regionalexpress langsam aus dem Bahnhof hinaus. Hinter dem Gebäude steht ein langer Güterzug mit vielen unterschiedlichen Waggons auf dem Abstellgleis. Töff, töff, töff! Was ist das? Eine alte Dampflok! Sie macht heute eine Sonderfahrt.

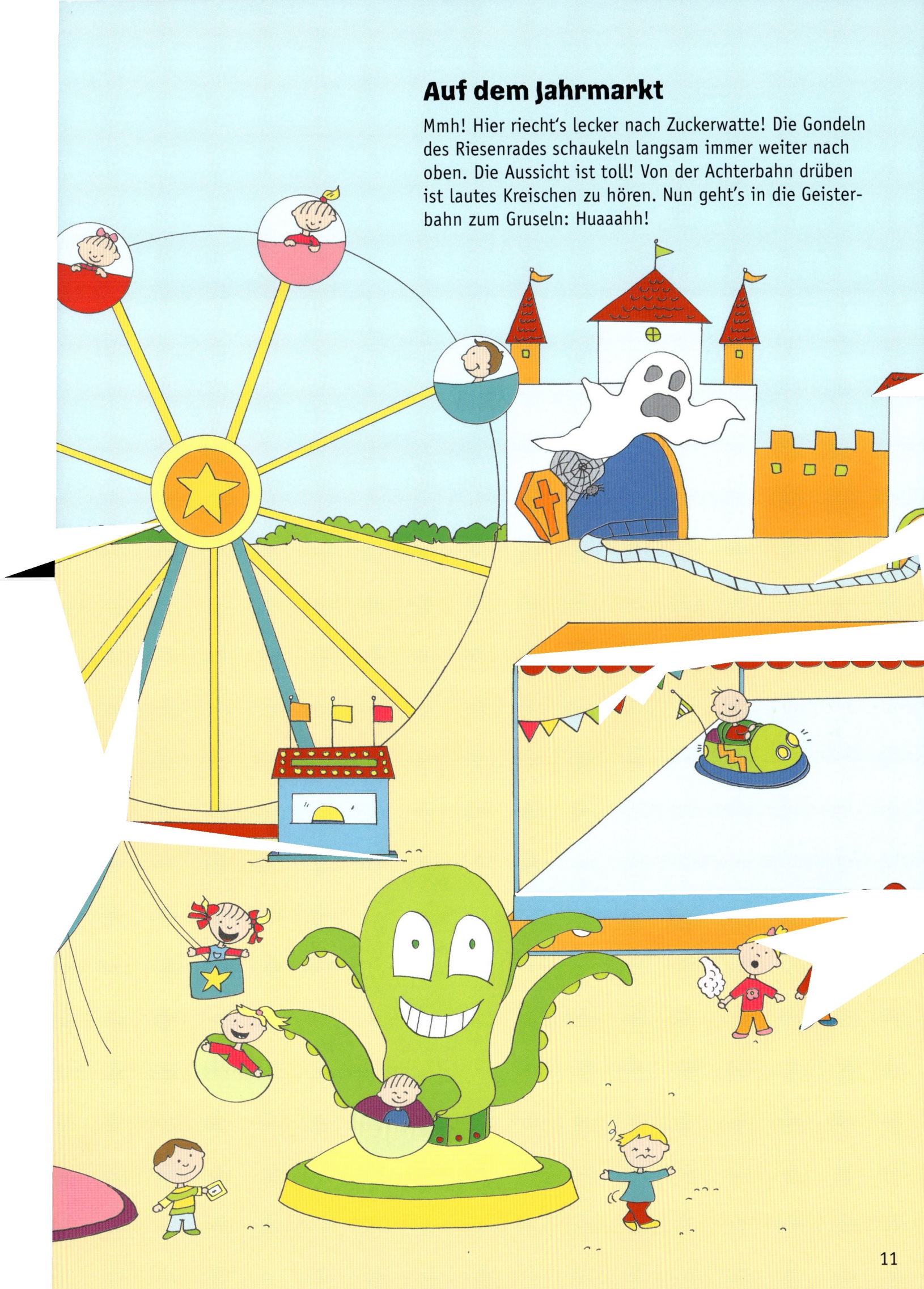

Auf dem Jahrmarkt

Mmh! Hier riecht's lecker nach Zuckerwatte! Die Gondeln des Riesenrades schaukeln langsam immer weiter nach oben. Die Aussicht ist toll! Von der Achterbahn drüben ist lautes Kreischen zu hören. Nun geht's in die Geisterbahn zum Gruseln: Huaaahh!

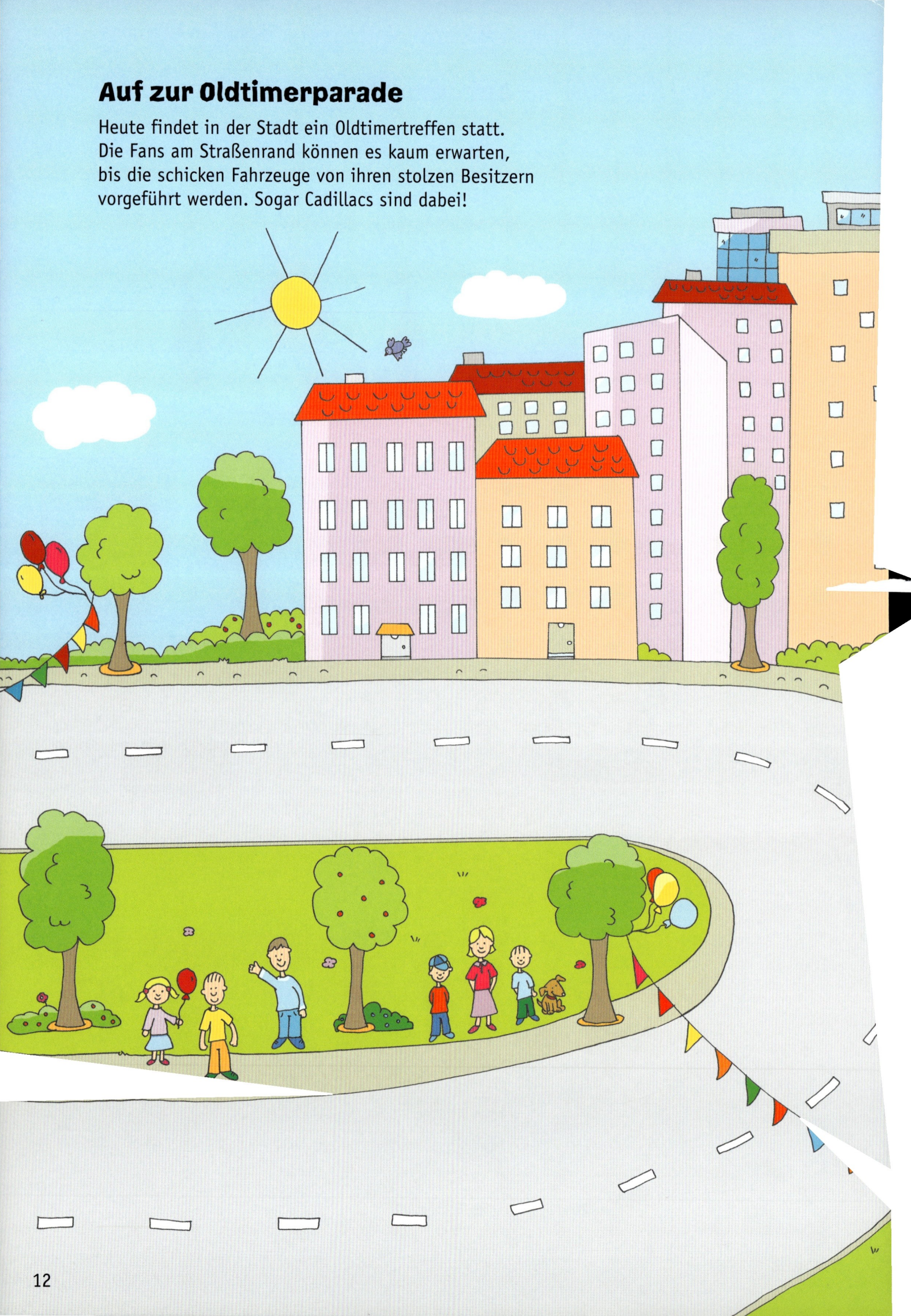

Auf zur Oldtimerparade

Heute findet in der Stadt ein Oldtimertreffen statt. Die Fans am Straßenrand können es kaum erwarten, bis die schicken Fahrzeuge von ihren stolzen Besitzern vorgeführt werden. Sogar Cadillacs sind dabei!

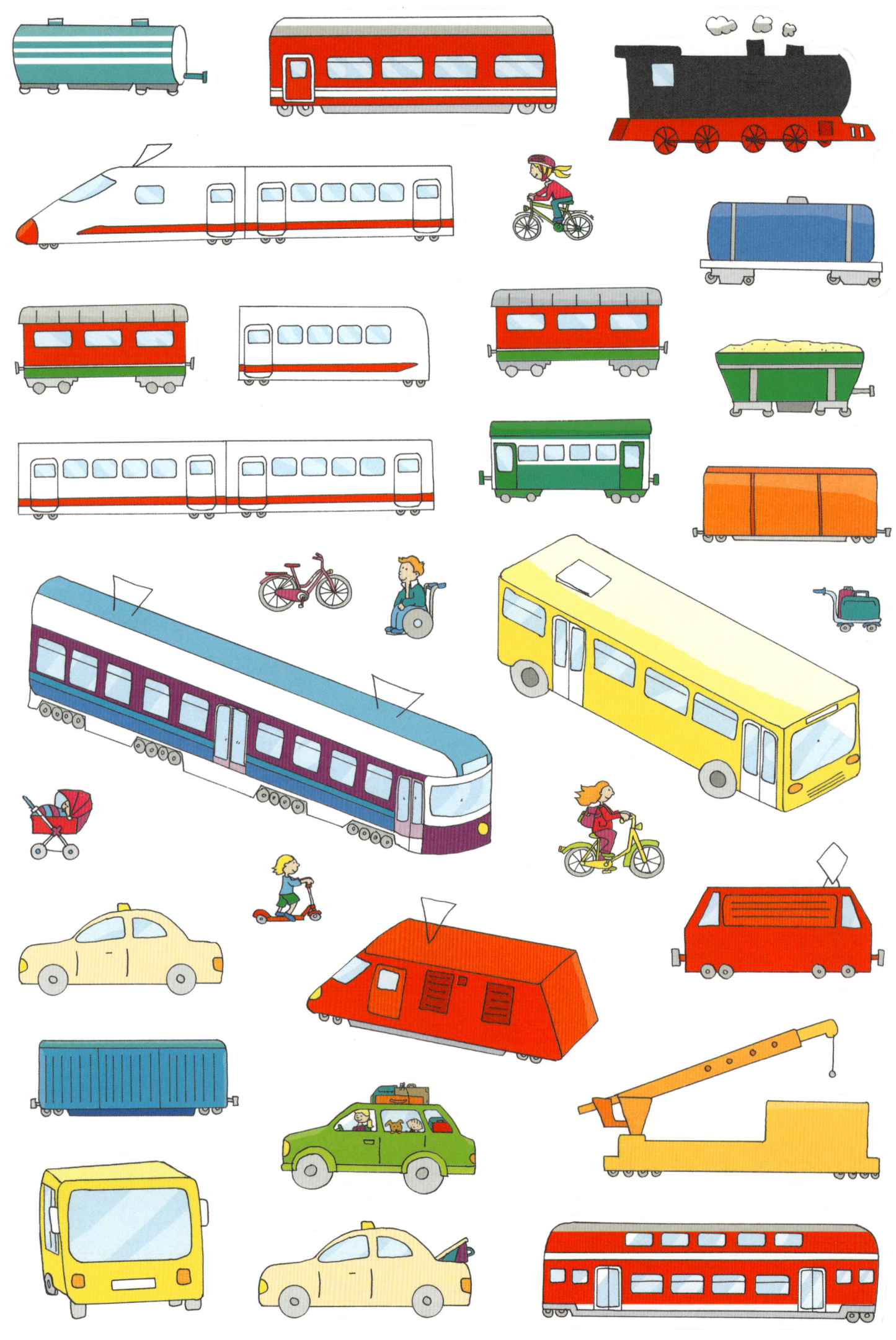

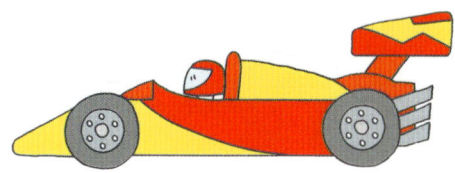
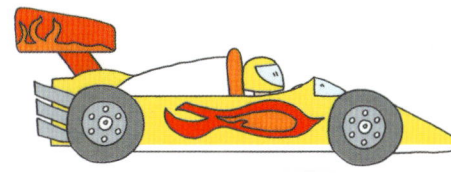
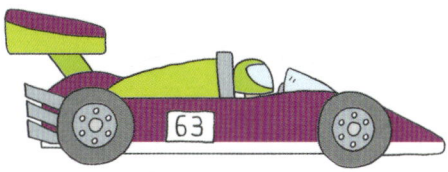

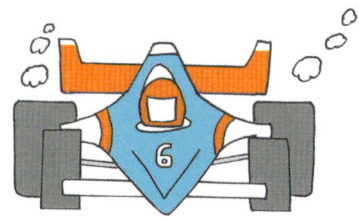

In der Autowerkstatt

So kurz vor den Sommerferien gibt's in der Werkstatt viel zu tun: Alle Hebebühnen sind mit Autos belegt, die vor dem Urlaub nochmal durchgecheckt werden müssen. Da bleibt für's Schrauben am Oldtimer gerade gar keine Zeit. Oje! Jetzt bringt der Abschleppwagen auch noch ein Unfallauto!

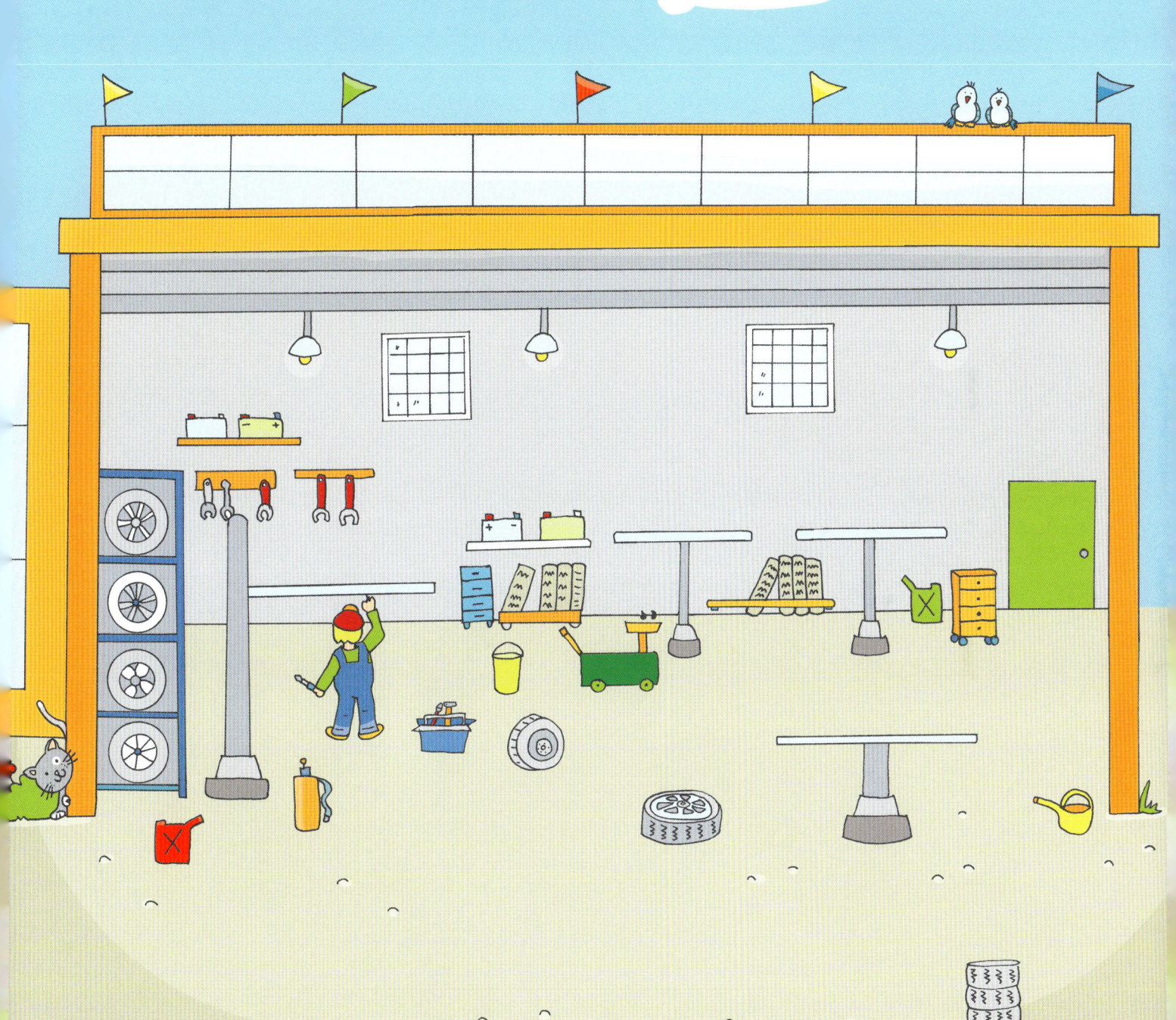

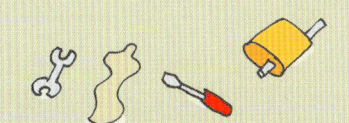

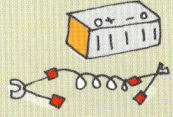

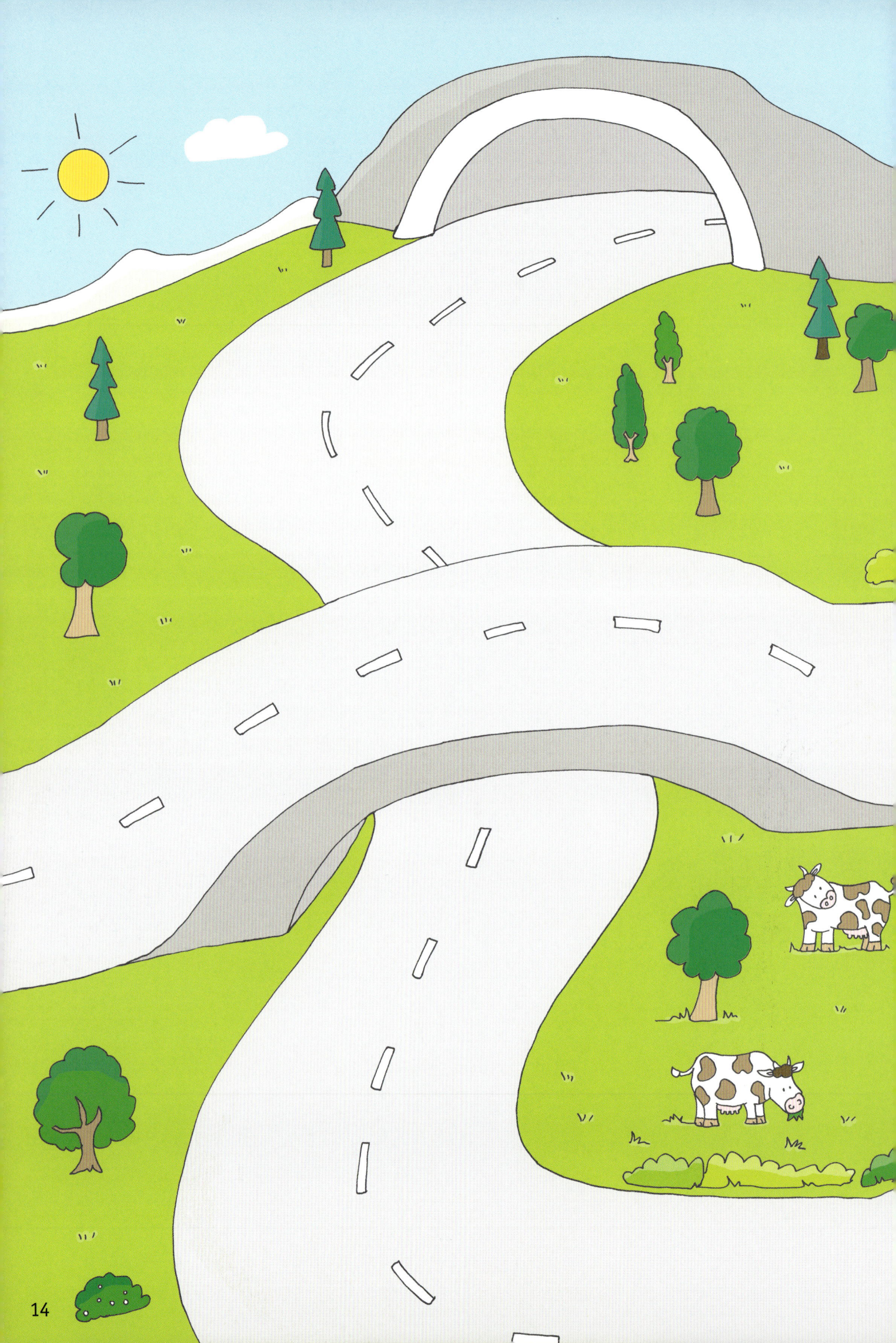

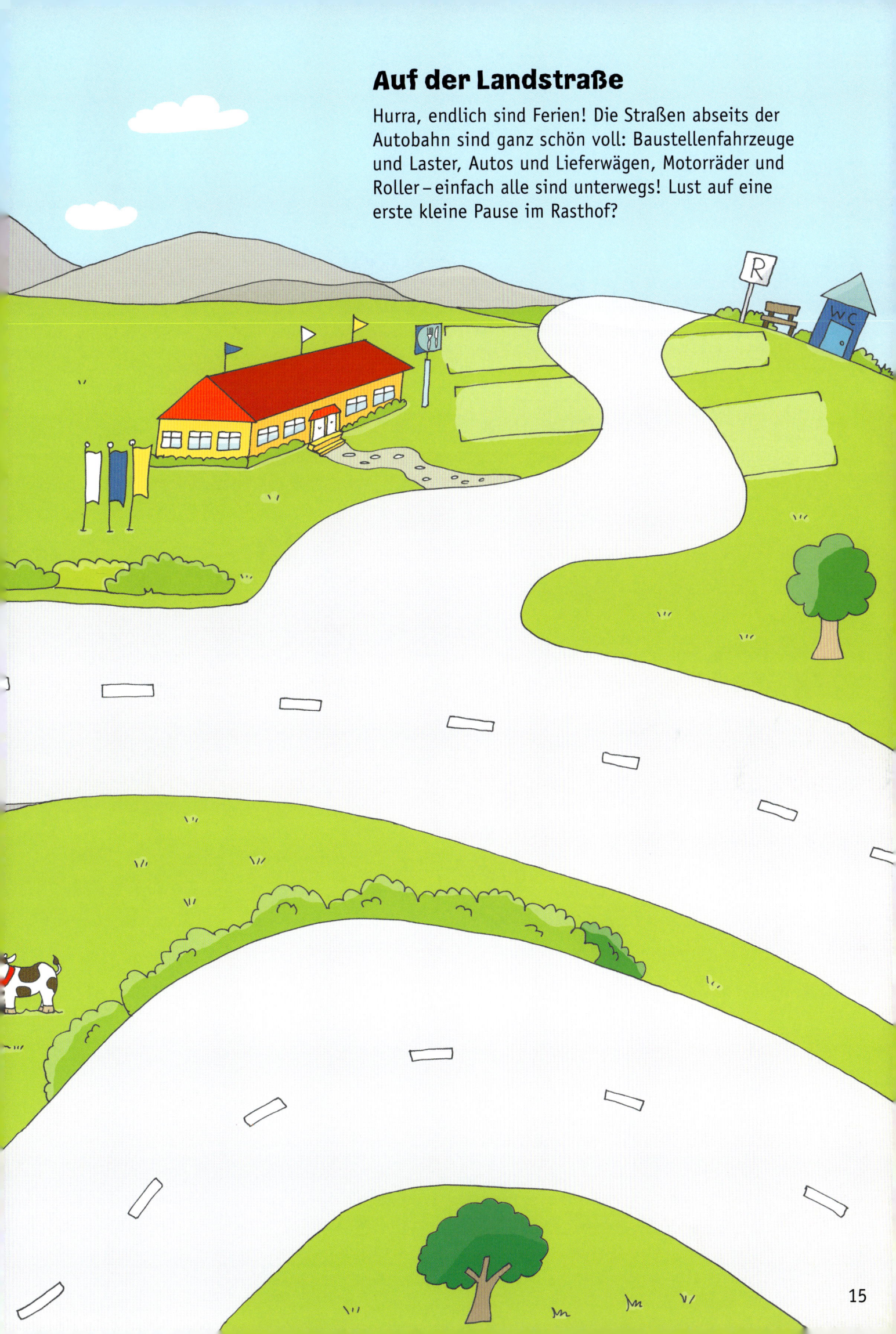

Auf der Landstraße

Hurra, endlich sind Ferien! Die Straßen abseits der Autobahn sind ganz schön voll: Baustellenfahrzeuge und Laster, Autos und Lieferwägen, Motorräder und Roller – einfach alle sind unterwegs! Lust auf eine erste kleine Pause im Rasthof?

Bei der Formel-1

Lautes Motorenheulen erfüllt die Rennstrecke. Alle Zuschauer auf der Tribüne verfolgen gespannt, wie die flotten Flitzer in atemberaubendem Tempo an ihnen vorbeirauschen und sich mit quietschenden Reifen in die nächste Kurve legen. Das führende Fahrzeug muss einen kurzen Boxenstopp einlegen. Welcher Rennwagen zieht jetzt an ihm vorbei?

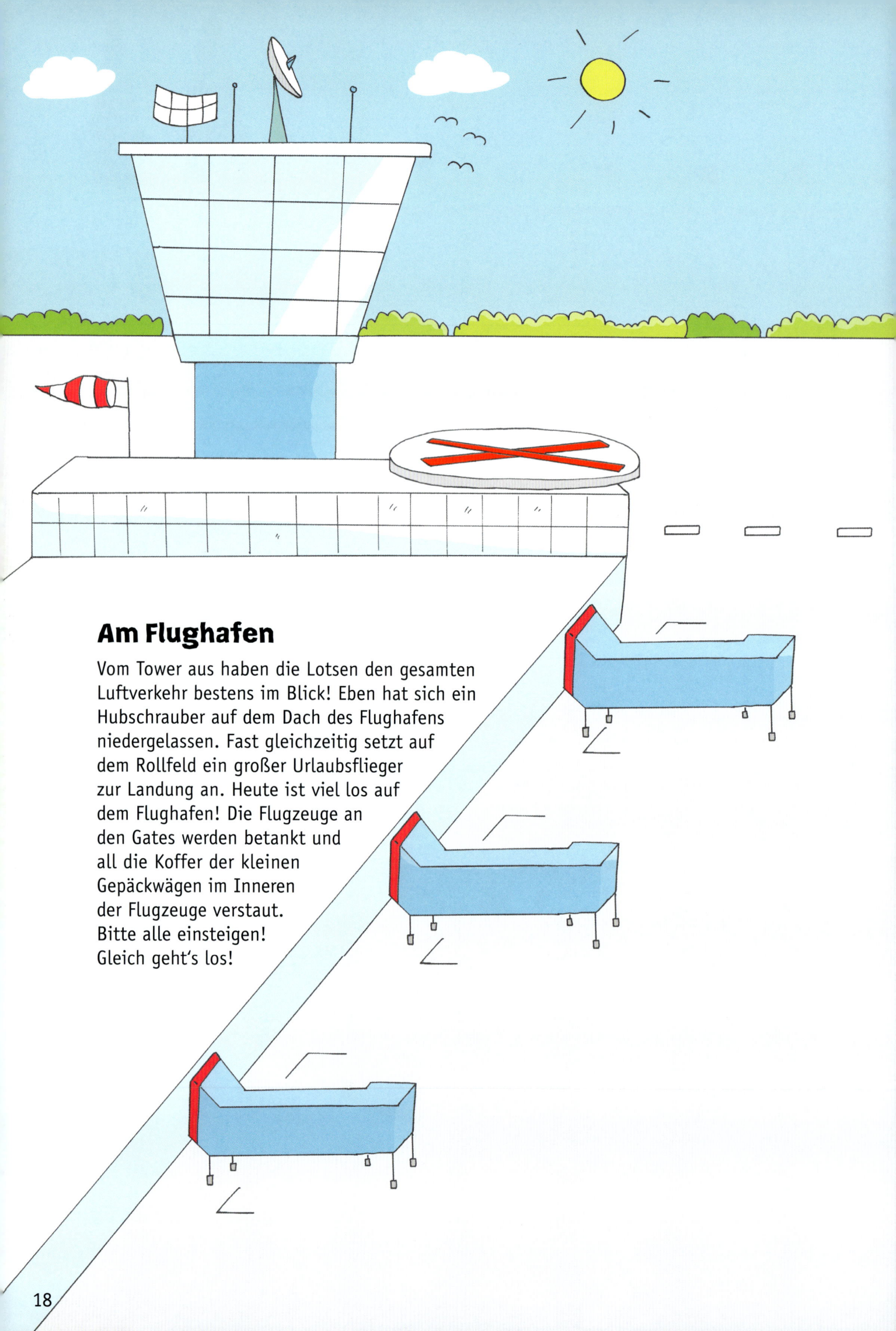

Am Flughafen

Vom Tower aus haben die Lotsen den gesamten Luftverkehr bestens im Blick! Eben hat sich ein Hubschrauber auf dem Dach des Flughafens niedergelassen. Fast gleichzeitig setzt auf dem Rollfeld ein großer Urlaubsflieger zur Landung an. Heute ist viel los auf dem Flughafen! Die Flugzeuge an den Gates werden betankt und all die Koffer der kleinen Gepäckwägen im Inneren der Flugzeuge verstaut. Bitte alle einsteigen! Gleich geht's los!

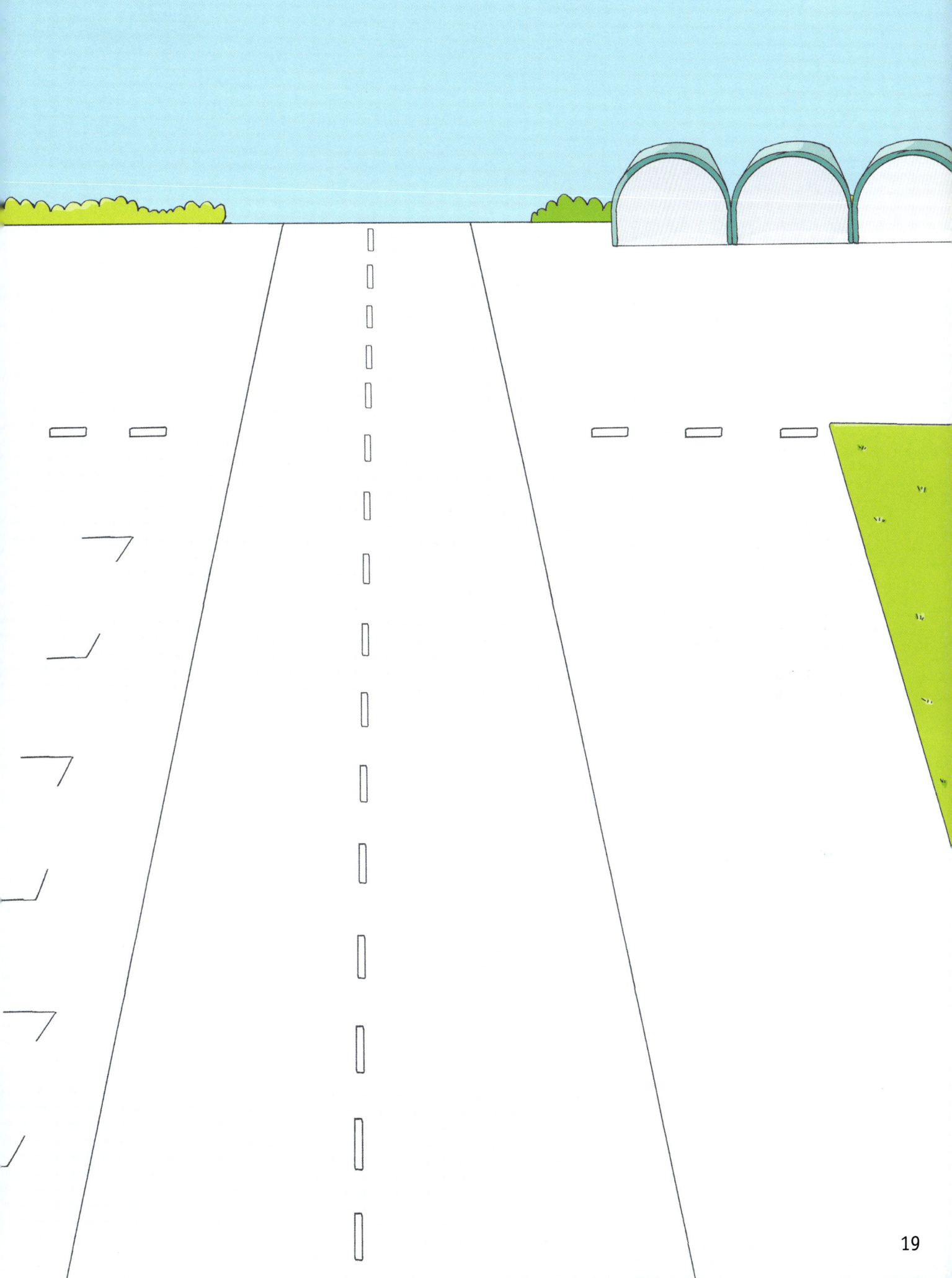

Bei der Rallye

Diese Rallye ist nur etwas für die coolsten Fahrer! Ihre Fahrzeuge haben riesige Reifen, viele PS unter der Haube und kein Problem mit Sand und Wasser. Monstertrucks und Jeeps mühen sich die Sandberge hinauf. Leichte Motocross-Räder springen über die Kuppen und liefern sich ein Wettrennen. Wer kommt als Erster ins Ziel?

Auf dem Wasser

Heute weht eine steife Brise am Meer! Darauf haben Surfer und Segler schon gewartet. Gut, dass der Fischkutter schon wieder zurück in den Hafen fährt, wenn nun immer mehr Ausflugsboote und Jachten die Küste entlangbrettern. Weit hinten, fast schon am Horizont, schippern die riesigen Kreuzfahrt- und Containerschiffe gemächlich weiter.

Im Schnee

Die schneeweiße Piste glitzert in der Wintersonne. Da macht das Skifahren und Boarden richtig Spaß! Die Gondeln schweben sachte den Berg hinauf. „Juchuu!", freut sich ein Rodler und saust auf seinem Schlitten den Berg herunter.